Dados Internacionais de Catalogação na Publicação (CIP)
(Câmara Brasileira do Livro, SP, Brasil)

Riter, Caio
 O fusquinha cor-de-rosa / Caio Riter ; ilustração Elma. – 6. ed. – São Paulo : Paulinas, 2013. – (Coleção sabor amizade. Série com-fabulando)
 ISBN 978-85-356-3635-2
 1. Literatura infantojuvenil I. Elma. II. Título. III. Série.

13-09872   CDD-028.5

Índices para catálogo sistemático:
1. Literatura infantil   028.5
2. Literatura infantojuvenil   028.5

6ª edição – 2013
4ª reimpressão – 2023
Revisado conforme a nova ortografia

Direção-geral: *Flávia Reginatto*
Editora responsável: *Maria Alexandre de Oliveira*
Assistente de edição: *Rosane Aparecida da Silva*
Copidesque: *Viviane Oshima*
Coordenação de revisão: *Andréia Schweitzer*
Revisão: *Patrizia Zagni*
Marina Mendonça
Direção de arte: *Irma Cipriani*
Gerente de produção: *Felício Calegaro Neto*
Produção de arte: *Mariza de Souza Porto*

Nenhuma parte desta obra pode ser reproduzida ou transmitida por qualquer forma e/ou quaisquer meios (eletrônico ou mecânico, incluindo fotocópia e gravação) ou arquivada em qualquer sistema ou banco de dados sem permissão escrita da Editora. Direitos reservados.

Paulinas
Rua Dona Inácia Uchoa, 62
04110-020 – São Paulo – SP (Brasil)
Tel.: (11) 2125-3500
http://www.paulinas.com.br – editora@paulinas.com.br
Telemarketing e SAC: 0800-7010081

© Pia Sociedade Filhas de São Paulo – São Paulo, 2005

*Para Helena e Carolina:
desejo de um mundo rosa.*

Você sabia que, quando os relógios marcam meia-noite, os brinquedos ganham vida? E pode ser qualquer relógio: de pulso, de parede, cuco ou digital. Qualquer um. Desde que seja mágico. Basta marcar vinte e quatro horas para que todos os brinquedos que estiverem por perto passem a se mover. E eles saem dos lugares em que as crianças os guardam e correm pela casa. Riem, pulam, conversam. Alguns cantam e dançam.

Mas por que estou dizendo isso? Bem, é que na história deste livro há um relógio, um relógio mágico. Só que a história que eu vou contar não é bem a dele, não. É a de um carrinho que morava... Não! É melhor começar do jeito que se iniciam as historinhas infantis. E elas começam bem assim: *Há muito tempo...* ou *Era uma vez...*

Era uma vez um brinquedo que morava na casa do Beto e da Bia. Ninguém sabia direito se o brinquedo era do Beto ou da Bia e, então, ninguém brincava com ele. Sabe por quê? É que ele, o brinquedo, era um carrinho de plástico. Um fusquinha cor-de-rosa.

– Menina não brinca de carrinho! – falava Bia.

– Não brinca, não! – concordavam suas amigas.

– Menino não brinca com fusquinha cor-de-rosa. Rosa é cor de menina! – dizia Beto.

– De menina! – gritavam os meninos.

E o fusquinha ficava esquecido lá no fundo da caixa de brinquedos. Todos os outros brinquedos saíam da caixa e viviam grandes aventuras com o Beto ou com a Bia. Sobretudo quando os amigos dos dois invadiam a casa e corriam de um lado para outro, cheios de vontade de brincar. Pegavam todos os brinquedos da caixa. Todos. Menos o carrinho cor-de-rosa. Por isso, cada dia que passava, ele ficava mais triste e sozinho.

Mas a nossa história não acaba aqui, pois em um certo Natal aconteceu algo diferente. Bem diferente. O Beto e a Bia ganharam do Papai Noel um lindo relógio musical em forma de macaquinho. Colocaram-no sobre a cômoda e lhe deram o nome de Chico.

O Chico era muito brincalhão. Cada vez que marcava um quarto de hora, que são quinze minutos, ele revirava os olhos e fazia barulhinhos esquisitos. Quando marcava trinta minutos, ou seja, meia hora, botava a língua para fora e balançava o rabo comprido. E quando marcava hora cheia (por exemplo: uma hora, dez horas, vinte e três horas...), fazia tudo isso junto e ainda cantava uma música maluca, estridente. Aí, era uma barulheira só.

Somente à noite ele sossegava. Não fazia nenhum ruído, a não ser quando marcava meia-noite.

– Ei, brinquedos! – chamava o relógio-macaco. – Acordem, tá na hora da bagunça!

E os brinquedos, aos poucos, iam acordando e saindo da caixa. Uns ajudavam os outros. O soldado de chumbo comandava as brincadeiras. A bailarina da caixinha de música aproveitava para descer das pontas dos pés e correr livremente pela casa. O cachorro de pelúcia saía à procura de um osso para roer. O dinossauro jogava sapata com a boneca de pano. As bolinhas de gude jogavam futebol de botão. E brincavam até dizer chega ou, então, até o dia clarear.
Era uma alegria só.

Um dia, o relógio Chico-macaco desceu da cômoda e espiou para dentro da caixa. Lá no fundo, sentado num canto sobre as rodinhas traseiras, estava o fusquinha cor-de-rosa.

– Ei, meu amigo! – gritou Chico. – Venha, vamos brincar de pega-pega.

O fusquinha ergueu os tristes olhos e nada falou.

– Você está doente? – perguntou Chico.

– Não! Eu estou triste! – disse o fusquinha.

– E tristeza não é doença? Eu acho que é! – falou o macaco, e revirou os olhos e fez careta e botou a linguona vermelha para fora e mexeu as orelhas... Mas nada fez o carrinho sorrir.

– Acho até que tristeza é doença mesmo. Só que a minha não tem cura, não.

O relógio-macaco olhava para o carrinho sem entender o motivo de tanto sofrimento. E podia um brinquedo, que tinha nascido para ser a alegria da criançada, ser tão tristonho assim?

– Sabe o que é... – disse o fusquinha rosa. – É que ninguém gosta de mim. Ninguém brinca comigo. A Bia diz que sou brinquedo de menino e o Beto fala que garotos não brincam com brinquedos cor-de-rosa.

Chico deu uma gargalhada e gritou:
– Nossa! Quanta bobagem! – e bateu meia hora.
Então, os outros brinquedos que corriam pela casa foram, devagarinho, retornando para o quarto das crianças e pulando para dentro da caixa.
– Está na hora de dormir – falou o macaco. – Amanhã, a gente continua nossa conversa.

O relógio voltou para cima da cômoda e acabou-se o encantamento.

O novo dia passou igual a todos os outros: Beto e Bia se debruçavam sobre a caixa e escolhiam brinquedos. Porém, nunca pegavam o fusquinha. E ele, embora paralisado no fundo da caixa, ficava sofrendo com aquela indiferença toda. E pensava: "Puxa, por que tem de ser assim? Se as mulheres dirigem, por que as meninas não podem brincar de carrinho? E por que tem de ter cor de homem e cor de mulher? Azul para menino. Rosa para menina. E eu aqui sem poder brincar! Por que eu não nasci boneca, panelinha ou bola de couro? Aí não ia ter problema. Aí eu não ficaria jogado no fundo desta caixa de brinquedos. Ah, eu queria tanto brincar!".

À meia-noite, quando Chico acordou os brinquedos, o fusquinha cor-de-rosa abriu os olhos e as lágrimas de tristeza escorreram por sua carinha. A bailarina da caixinha de música afagou-lhe o capô e disse para ele não chorar.

– Aproveite. Nesta hora somos livres. Podemos correr e brincar sozinhos. Podemos fazer o que quisermos.

E saiu cantando: "Chiquita bacana, lá da Martinica, se veste com uma casca de banana nanica...".

O fusquinha a seguiu com os olhos. Ele queria ser feliz como a bailarina e como todos os outros brinquedos.

De repente, lá fora da caixa, começou uma barulheira só. O fusquinha ficou curioso e, equilibrado nas rodinhas traseiras, espiou. Eram os brinquedos que brincavam de Carnaval.

– Ei! – gritou Chico. – Venha brincar com a gente.

– Não, obrigado – murmurou o carrinho.

– Deixe de ser bobo e venha! – falou o relógio-macaco, puxando-o para fora.

Pela primeira vez, o fusquinha saiu da caixa. No início, achou tudo estranho. Depois, gostou muito. Envolveu-se nas brincadeiras e abriu suas portas para que Chico e a bailarina fossem passear dentro dele. Os três riam felizes.

– Puxa. Aqui fora é bom mesmo, hein?

E brincaram até o encanto acabar.

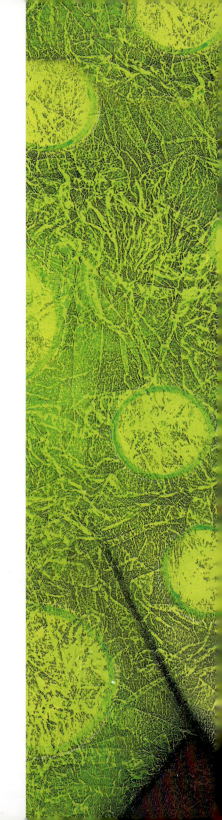

Na manhã seguinte, quando Bia acordou, encontrou o fusquinha no meio do quarto. E ele sentiu que a menina o olhava de forma diferente. Ela o pegou e brincou de dirigi-lo até a caixa. Guardou-o, mas, antes de sair do quarto, voltou e disse:

– Sabe que você é bem simpático? E eu gostei muito de brincar com você!

A partir daquele dia, Bia sempre encontrava o fusquinha cor-de-rosa nos lugares mais distantes e estranhos: na cozinha, no cesto de roupa suja, na casinha do cachorro, debaixo da cama dos pais... E sempre o dirigia até a caixa. E cada vez ia gostando mais de brincar com ele.

Um dia, Beto entrou correndo no quarto e parou surpreso ao ver a irmã brincando de carrinho. Riu alto:

– Ha, ha, ha, ha! Menina não brinca de carrinho.

– Brinca, sim! – berrou Bia. – A mamãe não dirige o nosso carro? Então, se ela pode, eu também posso.

– Ah, é. Mas eu nunca vi menina brincar de carrinho.

– Está vendo agora. E tem mais. Eu vou falar para as minhas amigas como é bom brincar de carrinho. Aí, nós todas vamos brincar de engarrafamento juntas.

– Nunca vi. Nunca vi – repetiu Beto e saiu do quarto.

Bia se despediu do fusquinha e seguiu o irmão.

Sobre a cômoda, o macaco ria e marcava as horas. E foi ele que viu quando o Beto entrou no quarto, pegou o fusquinha, brincou um pouco e depois o escondeu debaixo do travesseiro.

– Meninas brincando de carrinho. Pois sim. Nunca vi.

Neste momento, Bia entrou correndo:

– Onde está o Toni Brasa?

– Que Toni Brasa? – perguntou Beto.

– Ora, o Toni. O meu carrinho!

– Ele não é seu. É meu. Carrinho é brinquedo de menino.

– Eu quero o Toni Brasa. Eu e as minhas amigas vamos brincar de carrinho e eu quero o Toni. – explicou a menina, braba.

– Eu não vou dar. Ele é meu! – disse Beto.

– Mas você vivia dizendo que não gostava dele. Que ele tinha cor de mulher.

– Mudei de ideia! – falou Beto, retirando Toni Brasa do esconderijo. – Se menina pode brincar de carrinho, eu posso brincar com brinquedos cor-de-rosa. E ponto-final.

Bia sorriu, feliz:
— Isso mesmo. O Toni é superlegal. Você vai gostar de brincar com ele.
— Mas esse nome que você botou nele é ridículo. Que tal João da Estrada ou Pedro Torpedo?
— Toni Brasa — afirmou Bia.
— Pedro Torpedo — disse Beto.

E ficaram a tarde inteira discutindo o nome do fusquinha. Lá pela meia-noite, o quarto dos dois se encheu de risadas alegres. Eram os brinquedos festejando a alegria do Toni Brasa. Ou do João da Estrada. Ou do Pedro Torpedo. Quem vai saber!

Vamos brincar de sapata?

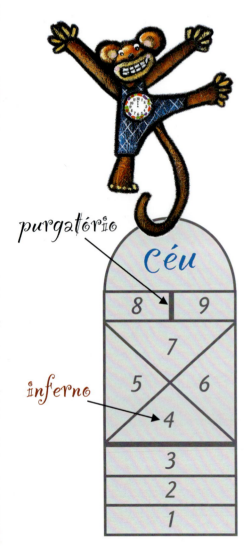

Este jogo, praticado com pequenas variações, tem diferentes nomes em cada região. Embora seja mais conhecido como *amarelinha*, é também chamado *sapata* no Rio Grande do Sul; *pula-macaco*, na Bahia; *avião*, no Rio Grande do Norte; *macaco*, *marela* ou *maré*, em Minas Gerais e em Goiás; *academia*, em alguns estados do Nordeste e no Rio de Janeiro. Também jogado em outros países, é chamado *jogo-do-homem*, *macaca* e *pé-coxinho* em Portugal; *rayuela* no Chile e no Peru; *coroza* ou *golosa* na Colômbia; *marelle* na França; *hop scotch* nos Estados Unidos.

Qualquer que seja o nome, vamos jogá-lo e nos divertir!

- Número de participantes: entre 4 e 10.
- Espaço: praças, parques, pátios, calçadas, onde possa fazer o riscado.
- Cada jogador vai precisar de uma pedrinha.
- Quem começa? Tirar na sorte.
- Quem ganha? Quem chegar ao céu primeiro ou tiver o maior número de casas. Depende do combinado.

Como jogar:
Jogue a pedrinha na casa 1. Num só pé, pule até o céu, retorne, pare na casa 1, abaixe e pegue a pedrinha, mantendo só um pé no chão e saia da sapata. Nos pares 5/6 e 8/9, tanto na ida quanto na volta, você pode apoiar um pé em cada número. Agora jogue na casa 2 e faça a mesma coisa. Igual para a casa 3. A partir da casa 4, vá até o céu e na volta, em vez de abaixar, chute a pedrinha com o pé, devagarzinho, para a casa seguinte.

Regras:
Os jogadores, pulando num pé só, terão que passar por todas as casas em ordem crescente.
Não podem "queimar", ou seja, não podem pisar nas linhas, a pedrinha não pode cair na casa errada ou em cima das linhas. Se errar, passa a vez.
Se a pedrinha cair na casa errada e essa for o inferno (casa 4), o jogador terá que começar tudo de novo; se for o purgatório (casas 8 e 9), o jogador terá que recomeçar a partir do inferno (casa 4).

Provas especiais:
Percorrer as casas, "sem queimar", de:
- *ombrinho*: pular com a pedra no ombro;
- *copinho*: pular equilibrando a pedra com a mão fechada;
- *testinha*: com a pedra na cabeça ou na testa;
- *pezinho*: com a pedra equilibrada sobre o peito do pé.
- *ceguinho* (é a mais difícil!): o jogador, com os olhos vendados, deverá chegar ao céu num pé só, sem "queimar". Se conseguir, de costas ele joga a pedrinha; onde ela cair, "sem queimar", ele escreve o seu nome e ganha aquela casa. Todos os jogadores terão que pedir licença para passar por ela. Se ele não der, o jeito é pular a casa. E num pé só!

Boa diversão!